Kleine Kuchen

AUTORIN: ANNE-KATRIN WEBER | FOTOS: WOLFGANG SCHARDT

Praxistipps

Extra

Rezepte

Der richtige Dreh: Teige kneten, rühren, schlagen

Neben guten Zutaten und passenden Backformen besteht das A und O beim Kuchenbacken darin, die Besonderheiten der Teige zu kennen und zu verstehen.

Knuspriger Mürbeteig ist ideal für feine Tartes und Kuchen mit Füllungen, wie z.B. Obst- und Käsekuchen. Je mehr Fett er enthält, desto mürber und zarter wird er. Bei kleinen Mengen genügt oft ein Eigelb zur Bindung, wodurch er ganz besonders zart wird.

Lockerer Rührteig ist sehr vielseitig und absolut anfängertauglich. Fett und Eier sollten immer Zimmertemperatur haben, sodass sie sich schön aufschlagen lassen und gut miteinander verbinden. Voraussetzung für einen lockeren Teig ist ausreichend langes Rühren mit einem Handrührgerät (oder einer Küchenmaschine). Das Mehl, das meist mit Backpulver gemischt am Schluss hinzugefügt wird, wird dagegen nur ganz kurz unter die Masse gerührt. Durch die Zugabe von Nüssen, Saaten, Schokolade und Gewürzen kann Rührteig immer wieder abgewandelt und variiert werden.

Luftiger Hefeteig mit seinem unvergleichlichen Duft mag's gerne warm und benötigt ausreichend Zeit, damit er zur vollen Größe aufgeht. Decken Sie die Schüssel mit dem Teig stets mit einem Küchentuch ab, sodass der Teig keinen »Zug« bekommt und zusammenfällt.

Quark-Öl-Teig ist die Alternative zum Hefeteig und gerade für kleinere Kuchen bestens geeignet. Der einfache Teig aus Mehl, Backpulver, Quark, Zucker, Milch und Öl ist ganz schnell geknetet und schmeckt frisch am besten.

Zarter Biskuit eignet sich für feine Torten oder als Unterlage für Fruchtbeläge. Die locker-zarte Biskuitmasse besteht überwiegend aus schaumig geschlagenen Eiern, Zucker und Mehl. Biskuit können Sie leicht variieren, wenn Sie bis zu einem Drittel der Mehlmenge durch gemahlene Nüsse oder Kokosraspel ersetzen.

Kinderleichte Krümelteige werden aus fein zerbröselten Keks- oder Biskuitbröseln und zerlassener Butter gemischt. Durch Zugabe von gemahlenen oder gehackten Nüssen oder Mandeln können die Teige variiert werden. Auch Haferflocken, fertige Müslimischungen oder Cornflakes können mit Fett oder geschmolzener Schokolade vermischt leckerknusprige Kuchenböden ergeben.

Blätterteig aus dem Kühlregal oder tiefgefroren ergänzt die selbst gemachten Teige vortrefflich, wenn es mal ganz schnell gehen soll.

Aufbewahren und Einfrieren Kleine Kuchen sind in der Regel im Nu gegessen. Ist dennoch einmal etwas übrig, können Sie den Kuchen in Alu- oder Frischhaltefolie verpackt ein bis zwei Tage an einem kühlen Platz bedenkenlos aufbewahren. Zum Einfrieren geeignet sind vor allem die Rührteigkuchen. Kuchen am besten noch lauwarm in TK-Beutel verpacken und einfrieren. Sie sind auch schnell wieder aufgetaut; im Ofen etwas aufgewärmt, schmeckt der Kuchen sogar wie frisch gebacken!

Mürbeteig

Das Geheimnis des knusprigen Mürbeteigs ist die kalte Butter, die in Flöckchen unter die Zutaten geknetet wird. Das Rezept reicht für eine Springform von 20 cm Ø.

100 g Mehl
30 g Zucker
1 Prise Salz
1 Eigelb
50 g kalte Butter

1 Für den Teig das Mehl auf die Arbeitsfläche sieben. In die Mitte eine Mulde drücken, Zucker und Salz daraufstreuen und das Eigelb hinein geben. Von der kalten Butter kleine Flöckchen abschneiden und auf dem Rand verteilen (Bild 1).

2 Nun alle Teigzutaten vom Rand aus mit den Fingerspitzen zu Streuseln reiben (Bild 2).

3 Anschließend alles rasch zu einem glatten, geschmeidigen Teig verkneten. Den Teig in Klarsichtfolie wickeln und 30 Min. kalt stellen (Bild 3).

GUT ZU WISSEN

Mürbeteig mag es gerne kalt. Damit Mürbeteig auch wirklich schön mürbe wird, muss die Butter kühlschrankkalt sein. Durch zu viel Wärme wird der Teig klebrig und weich und lässt sich nicht gut ausrollen. Er reißt beim Ausrollen an den Rändern ein, klebt an der Arbeitsfläche und lässt sich nicht gut in die Form transportieren. Achten Sie daher auf kurzes Kneten und eine ausreichende Kühlzeit von mindestens 30 Minuten.

PROFITIPP – »BLINDBACKEN«

Bei saftigen oder flüssigen Kuchenbelägen empfiehlt es sich unbedingt, den Teig vorzubacken. Dazu wird der Mürbeteig ausgerollt, in die Form gelegt und mit einer Gabel mehrmals eingestochen. Dann wird die Oberfläche mit Backpapier oder Alufolie belegt und mit getrockneten Hülsenfrüchten (Erbsen, Bohnen) beschwert. Man bäckt ihn auf der unteren Schiene bei 200° (Umluft 180°) je nach Größe der Form 15–20 Min. vor. Der Backprofi spricht dann von »blindbacken«.

Für jeden Kuchen die passende Form

Auch bei kleinen Backformen gibt es eine große Auswahl. Am besten, Sie greifen zu beschichtetem Metall oder Silikon. So bekommen Sie jeden Kuchen sicher aus der Form.

Spring- und Tarteform

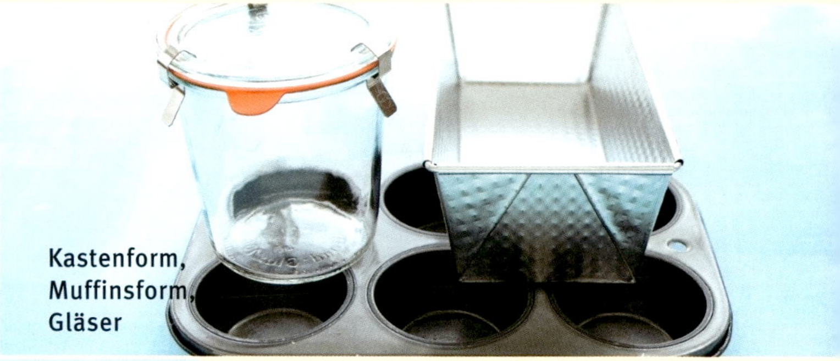

Kastenform, Muffinsform, Gläser

Gugelhupf- und Kranzform

Spring- und Tarteform Es gibt gut schließende Springformen mit hohem Rand, aber auch Obst- oder Tarteformen in unterschiedlichen Ausführungen und Materialien (glatter, gewellter, schräger oder gerader Rand). Für Mürbeteig sind Formen mit herausnehmbarem Boden zu empfehlen. Wenn Sie eine kleine Springform neu kaufen wollen, sollten Sie 20 cm Ø wählen, denn damit können Sie auch die Rezepte für 18 cm Ø backen.

Kastenform, Muffinsform, Gläser Kasten- und Muffinsform gibt es mit Antihaftbeschichtung oder aus Silikon. Hitzebeständige Einmachgläser sind in verschiedenen Größen erhältlich.

Gugelhupf- und Kranzform Diese Formen sind ideal für Rühr- und Hefekuchen. Durch den Kamin in der Mitte backen die Teige schön gleichmäßig. Gründliches Einfetten ist dabei sehr wichtig.

Kleine Kuchen – großer Backspaß

Improvisieren Sie mit Formen aus dem Küchenschrank und denken Sie daran, dass der Teig auch vor, während und nach dem Backen noch Ihre Aufmerksamkeit braucht.

Auch ohne eine große Auswahl an kleinen Backformen können Sie die kleinen Kuchen backen. Sicherlich finden sich in Ihrer Küche Formen, die Sie zweckentfremden können: kleine Souffléförmchen eignen sich prima für Portions-Kuchenstücke, ebenso wie hitzefeste dickwandige Tassen. Dass man auch in hitzebeständigen Einmachgläsern backen kann, zeigen wir auf S. 12/13. Auflaufformen eignen sich für rustikale Köstlichkeiten wie Pies oder Brotaufläufe, die auch als Dessert nach einem leichten Essen schmecken. Kinder können auf ihre kleinen Kinderbackformen aus Metall zurückgreifen oder ihren Lieblingskuchen in Motivbackformen backen.

Vor dem Backen Bei klebrigen, zuckerreichen Teigen empfiehlt es sich, die Form nach Möglichkeit mit Backpapier auszulegen. Gerippte, unregelmäßige Formen werden gründlich mit weicher Butter oder Margarine eingefettet und zusätzlich noch mit Mehl oder Semmelbröseln ausgestreut.

Während des Backens Beachten Sie die angegebene Einschubhöhe. Hohe Kuchen werden eher auf der unteren Schiene (bei 3 Schienen) bzw. auf der zweiten Schiene von unten (bei 5 Schienen) gebacken. Flache Gebäcke, die nicht so rasch bräunen, werden auf der mittleren Stufe eingeschoben. Schauen Sie während des Backens mehrmals nach Ihrem Kuchen. Zuckerreiche Teige bräunen schnell und sollten eventuell mit einem Bogen Backpapier oder Alufolie abgedeckt werden.

Nach dem Backen Sie sind sich nicht sicher, ob der oben appetitlich gebräunte Kuchen auch im Innern schon gar ist? Stechen Sie mit einem Holzstäbchen ein: Haftet beim Herausziehen noch klebriger Teig daran, muss der Kuchen noch ein paar Minuten weiter gebacken werden. Machen Sie dann erneut eine Stäbchenprobe.

Ist der Kuchen fertig, lassen Sie ihn auf einem Kuchengitter zuerst einige Minuten auskühlen, bevor Sie ihn aus der Form lösen bzw. auf das Kuchengitter stürzen.

Kleines Kuchenbüfett Kleine Kuchen sind meist schnell zubereitet und dank der kürzeren Backzeiten im Nu auf dem Tisch. Sie wollen ein kleines Kuchenbüfett machen und mehrere der Kleinen backen? Kein Problem, denn 2–3 Formen passen in der Regel gleichzeitig in den Backofen, sodass Sie energie- und zeitsparend arbeiten können.

Große Kuchen Wenn Sie zur Abwechslung mal einen großen Kuchen backen wollen, können Sie die meisten Rezepte problemlos verdoppeln, sodass sie in den gängigen Backformen gebacken werden können. Lediglich die Backzeit verlängert sich um einige Minuten (aber verdoppelt sich nicht!). Machen Sie die Stäbchenprobe, um sicherzugehen, dass der Kuchen durchgebacken ist, und decken Sie ihn gegebenenfalls mit Backpapier ab.

Klassiker neu aufgelegt

Zwei Klassiker haben sich hier aufs Köstlichste vereint: luftiger Hefeteig und weihnachtliche Trockenfrüchte machen diesen Gugelhupf zum Allround-Talent. Ob Sie den Kuchen das ganze Jahr über oder nur in der Adventszeit backen, überlasse ich ganz Ihnen!

Stollen-Gugelhupf

200 g Mehl | 10 g frische Hefe
ca. 75 ml Milch | 30 g Zucker | 60 g Butter
1 gute Prise Salz | 50 g gehackte Mandeln
75 g Rosinen | 50 g Orangeat
Mehl für die Arbeitsfläche | Fett für die Form
30 g Butter zum Bestreichen
Puderzucker zum Bestäuben

Für 1 Gugelhupfform von 20 cm ∅ (8 Stück)
35 Min. Zubereitung | 75 Min. Ruhen
30 Min. Backen
Pro Stück ca. 285 kcal, 5 g EW, 14 g F, 36 g KH

1 Für den Vorteig das Mehl in eine Schüssel geben, in die Mitte eine Mulde drücken. Die Hefe hineinbröckeln, mit lauwarmer Milch, 1 TL Zucker und etwas Mehl verrühren. Abgedeckt an einem warmen Ort 15 Min. gehen lassen.

2 Restlichen Zucker, weiche Butter und Salz zum gegangenen Vorteig geben. Mit den Knethaken des Handrührers, dann mit den Händen zu einem glatten Teig verkneten, bis er Blasen wirft und sich vom Schüsselrand löst. Teig weitere 30–40 Min. bis zur doppelten Größe gehen lassen.

3 Mandeln, Rosinen und Orangeat in den Teig kneten. Die Gugelhupfform einfetten und mit Mehl ausstreuen. Den Teig zu einer Rolle formen, in die Form legen, etwas flach drücken und weitere ca. 30 Min. gehen lassen. Den Backofen auf 175° vorheizen. Im Backofen (unten, Umluft 160°) ca. 30 Min. backen. Aus der Form nehmen und auf ein Kuchengitter stellen. Butter schmelzen und den noch heißen Kuchen damit bepinseln. Den Gugelhupf ganz abkühlen lassen. Mit Puderzucker bestäuben.

fruchtig-frisch | macht was her

Erdbeer-Lasagne

Fruchtige Erdbeeren und sahnige Creme zwischen lockerem Biskuit – Schicht für Schicht ein wahrer Augen- und Gaumenschmaus.

Für den Teig
4 Eigelbe
50 g Zucker
1 Prise Salz
1 TL abgeriebene Bio-Orangenschale
2 Eiweiße
50 g Mehl
etwas Zucker zum Bestreuen

Für den Belag
200 g Frischkäse (Doppelrahmstufe oder fettarm)
60 g Zucker
1 Päckchen Vanillezucker
2 EL frisch gepresster Zitronensaft
200 g Sahne
1 Päckchen Sahnefestiger
500 g Erdbeeren
1–2 EL Puderzucker
einige Melissenblättchen zum Garnieren

Für 1 Backblech (8 Stück)
45 Min. Zubereitung | 10 Min. Backen
Pro Stück ca. 300 kcal, 5 g EW, 18 g F, 28 g KH

1 Für den Biskuit die Eigelbe mit der Hälfte des Zuckers, Salz und Orangenschale sehr cremig schlagen. Eiweiße mit restlichem Zucker steif schlagen. Eigelbcreme mit dem Teigschaber unter den Eischnee ziehen. Mehl auf die Masse sieben und behutsam unterheben.

2 Den Backofen auf 200° vorheizen. Ein Backblech mit Backpapier belegen, den Teig gleichmäßig darauf verstreichen. Im Ofen (Mitte, Umluft 180°) in 8–10 Min. goldgelb backen. Den Biskuitboden aus dem Ofen nehmen und auf ein mit Zucker bestreutes Geschirrtuch stürzen. Das Backpapier abziehen (siehe Tipp) und den Biskuitboden in 4 gleich große Stücke schneiden, abkühlen lassen.

3 In der Zwischenzeit Frischkäse mit Zucker, Vanillezucker und 1 EL Zitronensaft mit einem Schneebesen gründlich glatt rühren. Sahne mit Sahnefestiger sehr steif schlagen und portionsweise unter die Frischkäsecreme heben. Kalt stellen.

4 Für den Belag die Erdbeeren abspülen, trocken tupfen und die Kelchblätter entfernen, Erdbeeren klein schneiden. 150 g der Erdbeeren mit Puderzucker und restlichem Zitronensaft pürieren und durch ein Sieb streichen.

5 Einen Biskuitboden auf eine Kuchenplatte legen, mit einem Viertel der Creme bestreichen. Mit einigen Erdbeeren belegen und etwas Erdbeerpüree darübergeben. So fortfahren, bis alle Zutaten verbraucht sind, die letzte Lage soll aus Erdbeeren und Erdbeerpüree bestehen. Mindestens 3 Std. im Kühlschrank durchziehen lassen. Kurz vorm Servieren mit Melissenblättchen garnieren.

KÜCHENTECHNIK-TIPP

Der Biskuitboden löst sich ganz leicht vom Backpapier, wenn man das Papier zuvor mit etwas Wasser bestreicht.

für den Vorrat | winterlich

Punschkuchen

Kuchen, in hitzebeständigen Gläsern gebacken, sind ein ideales Mitbringsel. Wer davon ein paar im Vorrat hat, kann auch jederzeit Spontanbesuch empfangen.

100 g Butter | 100 g Zucker | 1 Päckchen Vanillezucker | 2 Eier | 125 g Mehl | 1 TL Backpulver | 25 g gemahlene Haselnüsse | 2 TL Kakao | 1 TL Lebkuchengewürz | 5 EL Glühwein oder Früchtetee | Fett und Semmelbrösel für die Gläser

Für 3 Gläser à 1/2 l Inhalt (à 4 Stück)
20 Min. Zubereitung | 30 Min. Backen
Pro Stück ca. 175 kcal, 3 g EW, 10 g F, 18 g KH

1 Gläser gründlich einfetten und mit Semmelbröseln ausstreuen. Den Backofen auf 175° vorheizen. Die Gummiringe zum Verschließen der Gläser in kaltem Wasser einweichen.

2 Weiche Butter mit Zucker und Vanillezucker gründlich schaumig rühren. Ein Ei nach dem anderen unterrühren, bis eine gebundene Masse entstanden ist. Mehl, Backpulver, Haselnüsse, Kakao und Lebkuchengewürz mischen. Abwechselnd mit dem Glühwein (oder Früchtetee) unterrühren.

3 Den Teig in die Gläser füllen, dabei darauf achten, dass die Ränder sauber bleiben. Im Ofen (unten, Umluft 160°) 30–35 Min. backen.

4 Die Gläser aus dem Ofen nehmen, die feuchten Gummiringe sofort auf die Innenseite der Glasdeckel legen und die Gläser mit den Klammern verschließen. Kuchen in den Gläsern auskühlen lassen. Zum Servieren den Gummiring herausziehen und den Kuchen mit einem Messer vom Glasrand lösen.

VORRATS-TIPP

Die Kuchen aus dem Glas halten sich an einem kühlen Ort mindestens 3 Monate frisch. Darauf achten, dass die Gummiringe zwischen Glas und Deckel gut sitzen, damit sich keine »Luftzieher« bilden.

fruchtig-saftig

Johannisbeerkuchen

100 g Rote Johannisbeeren (frisch oder TK) | 100 g Butter | 100 g Zucker | 1 Päckchen Vanillezucker | 2 Eier | 75 g Schmand | 125 g Mehl | 1 TL Backpulver | 50 g trockene Müslimischung | Fett und Semmelbrösel für die Gläser

Für 3 Gläser à 1/2 l Inhalt (4 Stück)
20 Min. Zubereitung | 30 Min. Backen
Pro Stück ca. 190 kcal, 3 g EW, 10 g F, 20 g KH

1 Gläser und Gummiringe wie links vorbereiten, den Backofen auf 175° vorheizen. Frische Beeren entrispen, TK-Ware unaufgetaut verwenden! Butter, Zucker und Vanillezucker schaumig rühren, die Eier zugeben und weiterschlagen. Schmand zugeben, Beeren mit 1 EL Mehl mischen. Restliches Mehl, Backpulver, Müsli und zum Schluss die Beeren unter den Teig heben.

2 Teig in die Gläser füllen, die Ränder frei lassen. Im Ofen (unten, Umluft 160°) 30–35 Min. backen, herausnehmen und wie links verschließen.

ganz einfach | preiswert

Schoko-Kokos-Kuchen

50 g Bitterschokolade (70 % Kakaomasse) | 100 g Butter | 100 g Zucker | 2 Eier | 2 EL Milch | 100 g Mehl | 1 TL Backpulver | 50 g Kokosraspel | Fett und Kokosraspel für die Gläser

Für 3 Gläser à 1/2 l Inhalt (4 Stück)
20 Min. Zubereitung | 30 Min. Backen
Pro Stück ca. 195 kcal, 3 g EW, 13 g F, 17 g KH

1 Gläser und Gummiringe wie im nebenstehenden Rezept vorbereiten, statt mit Mehl mit Kokosflocken ausstreuen. Backofen auf 175° vorheizen. Schokolade klein hacken. Butter und Zucker schaumig rühren. Die Eier unterrühren, bis eine cremige Masse entsteht. Milch zugeben. Mehl und Backpulver mischen, mit den Kokosraspeln und Schokostückchen unterziehen.

2 Teig in die Gläser füllen, dabei die Ränder frei lassen. Im Ofen (unten, Umluft 160°) 30–35 Min. backen. Gläser aus dem Ofen nehmen und wie im nebenstehenden Rezept verschließen.

1

2

3

4

5

gut vorzubereiten | für Gourmets

Käsesahnetorte mit Aprikosen-Kompott

Für den Teig
100 g Mehl
40 g Zucker | 1 Prise Salz
1 Eigelb | 60 g kalte Butter
Mehl zum Verarbeiten

Für den Belag
3 Blatt weiße Gelatine
100 ml Milch | 60 g Zucker
1 TL abgeriebene Bio-Zitronenschale
2 Eigelbe | 200 g Magerquark
1–2 TL frisch gepresster Zitronensaft
200 g Sahne

Für das Kompott
500 g vollreife Aprikosen
ca. 150 ml Orangensaft
2–3 EL Zucker
1–2 EL Orangenlikör (nach Belieben, z. B. Grand Marnier)
ca. 10 Blättchen frische Zitronenverbene

Für 1 Springform von 18 cm ∅ (8 Stück)
1 Std. Zubereitung | 30 Min. Ruhen
10 Min. Backen | 3 Std. Kühlen
Pro Stück ca. 340 kcal, 8 g EW, 17 g F, 37 g KH

1 Für den Mürbeteig Mehl auf die Arbeitsfläche sieben. In die Mitte eine Mulde drücken, Zucker und Salz daraufstreuen und das Eigelb hineingeben. Butter in Flöckchen auf dem Rand verteilen (Bild 1). Alle Teigzutaten vom Rand aus rasch zu einem geschmeidigen Teig verkneten. In Folie gewickelt 30 Min. kalt stellen.

2 Backofen auf 175° vorheizen. Teig auf wenig Mehl zu zwei dünnen runden Kreisen in Größe der Springform ausrollen. Ein Backblech mit Backpapier belegen und die beiden Teigkreise darauflegen (Bild 2). Im Ofen (Mitte, Umluft 160°) in 8–10 Min. knusprig backen, herausnehmen. Einen Boden noch warm in 8 Stücke schneiden, abkühlen lassen.

3 Für den Belag Gelatine einweichen. Milch, Zucker und Zitronenschale aufkochen. 3 EL davon mit den Eigelben verquirlen, dann diese Mischung nach und nach unter die heiße Milch rühren (Bild 3). Unter ständigem Rühren erhitzen (Wasserbad oder Herdplatte), bis die Creme etwas andickt. Gelatine gut ausdrücken und in der warmen Creme auflösen. Die Creme durch ein Sieb gießen und ganz abkühlen lassen. Dadurch wird sie noch zarter.

4 Quark und Zitronensaft gründlich unter die Creme rühren. Sahne steif schlagen und unter die kalte Quarkcreme heben. Den ganzen Teigboden in die Springform legen. Creme darauf verstreichen (Bild 4), mit dem zweiten portionierten Teigboden bedecken. Mind. 3 Std. kalt stellen.

5 In der Zwischenzeit für das Kompott die Aprikosen abspülen, trocken reiben, halbieren und entsteinen. Orangensaft und Zucker erhitzen, Aprikosenhälften hineingeben und in ca. 5 Min. weich dünsten. Nach Belieben Orangenlikör unterrühren. Verbenenblättchen evtl. klein hacken und untermischen. Das Kompott zur Torte reichen.

GUT ZU WISSEN

Zitronenverbene schmeckt intensiv zitronig-frisch. In Frankreich brüht man daraus auch Tee und trinkt ihn als sogenannte «verveine» nach dem Essen.

winterlich

Weiße Linzer Torte

1 Ei | 125 g Mehl | 125 g Zucker
125 g abgezogene gemahlene Mandeln
125 g weiche Butter
je 1 Msp. Zimtpulver, gemahlene Nelken, Kardamom und Ingwer
2 EL Kirschwasser (nach Belieben)
150 g Aprikosenkonfitüre
1 EL Milch zum Bestreichen
1 EL gehackte Mandeln
Fett für die Form und Mehl zum Verarbeiten
Puderzucker zum Bestäuben

Für 1 Springform von 20 cm ∅ (8 Stück)
35 Min. Zubereitung | 2 Std. Kühlen
40 Min. Backen
Pro Stück ca. 410 kcal, 6 g EW, 23 g F, 44 g KH

1 Das Ei trennen. Mehl, Zucker, Mandeln, weiche Butter, Gewürze, Eiweiß und nach Belieben das Kirschwasser in eine Schüssel geben. Mit den Händen rasch zu einer glatten Teigkugel verkneten. In Folie wickeln und mindestens 2 Std., am besten über Nacht, kalt stellen.

2 Form einfetten. Backofen auf 175° vorheizen. Drei Viertel des Teiges auf wenig Mehl etwas größer als die Form ausrollen und in die Form legen, dabei einen kleinen Rand bilden. Restlichen Teig länglich ausrollen und in fingerbreite Streifen schneiden.

3 Teigboden mit Aprikosenkonfitüre bestreichen. Teigstreifen gitterartig darauflegen. Eigelb und Milch verquirlen und das Teiggitter damit bestreichen. Teigrand mit gehackten Mandeln bestreuen. Im Ofen (Mitte, Umluft 160°) 35–40 Min. backen.

herbstlich | fruchtig

Zwetschgen-Savarin

Für das Kompott
250 g Zwetschgen | ½ Zimtstange
2–3 EL Zucker | 2 TL Speisestärke
Für den Teig
125 g weiche Butter | 90 g Zucker
1 Päckchen Bourbon-Vanillezucker
100 g Mehl | 1 TL Backpulver
2 Eier | 25 g gemahlene Mandeln
1 TL Bio-Orangenschale
Fett, Mehl und 2 EL Mandelblättchen für die Form
Puderzucker zum Bestreuen

Für 1 Savarin- oder Springform mit Rohrbodeneinsatz von 18 cm ∅ (8 Stück)
40 Min. Zubereitung | 30 Min. Backen
Pro Stück ca. 310 kcal, 4 g EW, 18 g F, 32 g KH

1 Zwetschgen waschen, halbieren, entsteinen und mit 2 EL Wasser, Zimtstange und Zucker aufkochen. Stärke und 2 EL Wasser glatt rühren, zu den Zwetschgen rühren, aufkochen und abkühlen lassen. Zimt entfernen. Den Backofen auf 200° vorheizen. Form einfetten, mit Mehl bestreuen und Mandelblättchen ausstreuen.

2 Butter mit Zucker und Vanillezucker schaumig rühren. Mehl und Backpulver mischen. Eier, Mandeln, Orangenschale und Mehlmischung unter die Creme rühren. Die Hälfte des Teiges in die Form füllen. Mit einem Löffel rundum eine Vertiefung eindrücken. Das Kompott hineingeben, den restlichen Teig darüberstreichen. Im Ofen (Mitte, Umluft 180°). 30 Min. backen. Kuchen 20 Min. abkühlen lassen, dann auf ein Kuchengitter stürzen.

links: Weiße Linzer Torte | rechts: Zwetschgen-Savarin

Kleine Prachtstücke

Bei diesem Kuchen bleibt der Ofen kalt! Die Kombination aus knusprig-süßem Boden und säuerlicher Creme ist ganz nach meinem Geschmack – und wird sicherlich auch Sie überzeugen! Ganz frisch schmeckt die Torte am besten.

Weincremetorte

Für den Boden
150 g weiße Kuvertüre | 50 g Butter
75 g Cornflakes | 25 g Mandelstifte
Für den Belag
4 Blatt weiße Gelatine
200 g kernlose Weintrauben
⅛ l Weißwein | 3–4 EL Zucker
½ TL abgeriebene Bio-Zitronenschale
1–2 EL frisch gepresster Zitronensaft
1–2 EL Orangenlikör (z. B. Grand Marnier, nach Belieben)
150 g Sahne
einige Minzeblättchen zum Garnieren

Für 1 Springform von 20 cm ∅ (8 Stück)
50 Min. Zubereitung | ca. 4 Std. Kühlen
Pro Stück ca. 320 kcal, 6 g EW, 19 g F, 30 g KH

1 Die Form mit Backpapier auslegen. Für den Knusperboden die Kuvertüre klein hacken und mit der Butter schmelzen. Cornflakes und Mandelstifte unterrühren, auf dem Springformboden glatt drücken und 30 Min. kalt stellen.

2 Für die Creme die Gelatine in kaltem Wasser einweichen. Weintrauben abspülen, trocken tupfen und abzupfen. Wein, Zucker, Zitronenschale und -saft aufkochen. Gelatine ausdrücken und in der warmen Flüssigkeit auflösen. Nach Belieben Orangenlikör unterrühren und kalt stellen.

3 Die Sahne steif schlagen. Sobald die Creme zu gelieren beginnt, die Sahne behutsam unterheben. Die Trauben (bis auf 2 EL) auf dem Knusperboden verteilen, Creme daraufgeben und glatt streichen. Im Kühlschrank mind. 4 Std. fest werden lassen. Mit restlichen Weintrauben und Minzeblättchen verzieren.

1

2

3

4

5

mild-aromatisch | braucht etwas Zeit

Mohn-Käse-Kuchen

Zugegeben: Durch die beiden Füllungen braucht der Mohn-Käse-Kuchen etwas länger – das Ergebnis entschädigt aber den Aufwand!

Für den Teig
125 g Mehl
25 g Zucker
1 Prise Salz
1 Eigelb
65 g kalte Butter
Mehl für die Arbeitsfläche
Fett für die Form

Für die Mohnmasse
60 ml Milch
25 g Butter
25 g Zucker
½ TL abgeriebene Bio-Zitronenschale
125 g gemahlener Mohn

Für die Quarkmasse
1 Ei | 60 g Zucker
250 g Quark (20 % Fett)
100 g Schmand
1 gehäufter EL Speisestärke
½ TL abgeriebene Bio-Zitronenschale
2 TL frisch gepresster Zitronensaft

Für 1 Springform von 20 cm ∅ (8 Stück)
⌚ 45 Min. Zubereitung | 30 Min. Kühlen
45 Min. Backen
Pro Stück ca. 360 kcal, 10 g EW, 23 g F, 29 g KH

1 Für den Mürbeteig das Mehl auf die Arbeitsfläche sieben. In die Mitte eine Mulde drücken, Zucker und Salz daraufstreuen und das Eigelb hineingeben. Butter in Flöckchen auf dem Rand verteilen. Alle Teigzutaten vom Rand aus rasch zu einem geschmeidigen Teig verkneten. Teig in Folie gewickelt 30 Min. kalt stellen.

2 Milch mit Butter, Zucker und Zitronenschale aufkochen, Topf vom Herd nehmen. Den Mohn hineinrühren und abgedeckt quellen lassen (Bild 1). Backofen auf 175° vorheizen.

3 Für die Quarkmasse das Ei trennen. Das Eiweiß zu steifem Eischnee schlagen, Zucker unterrühren. Quark, Schmand, Eigelb, Speisestärke, Zitronenschale und -saft gut verrühren und den Eischnee unterheben (Bild 2).

4 Den Teig auf der bemehlten Arbeitsfläche rund ausrollen. Die Form einfetten und mit dem Teig auskleiden, dabei einen 3 cm hohen Rand bilden. Die Mohnmasse darauf verstreichen (Bild 3), dann die Quarkmasse darauf verteilen (Bild 4). Den Kuchen im Ofen (unten, Umluft 160°) 40–45 Min. backen, dabei den Ofen während der letzten 10 Min. auf 200° (Umluft 180°) hochschalten, sodass der Kuchen von oben etwas bräunt. Den fertigen Kuchen auf einem Kuchengitter in der Form auskühlen lassen.

KÜCHENTECHNIK-TIPP

Nicht überall ist gemahlener Mohn erhältlich. Sie können ihn auch selbst mahlen. Kleine Mengen lassen sich am besten in einer elektrischen Kaffeemühle oder im Blitzhacker mahlen.

schmeckt frisch am besten

Zwetschgenkuchen

½ Packung TK-Blätterteig (225 g)
100 g Marzipan-Rohmasse
75 g Sahne
1 EL Mandellikör (z. B. Amaretto, nach Belieben)
ca. 250 g Zwetschgen
1 gehäufter EL Rotes Johannisbeergelee zum Bestreichen
40 g Zucker | 50 g Mandelblättchen
Mehl zum Verarbeiten

Für 1 Backblech (8 Stück)
40 Min. Zubereitung | 35 Min. Backen
Pro Stück ca. 285 kcal, 4 g EW, 17 g F, 27 g KH

1 Backofen auf 200° vorheizen. Blätterteigplatten nebeneinander auftauen lassen. Marzipan, Sahne und nach Belieben Mandellikör in einen Rührbecher geben und pürieren. Zwetschgen abspülen, trocken tupfen, halbieren und entkernen.

2 Die Teigplatten aufeinanderlegen und auf wenig Mehl zu einem Quadrat (ca. 22 cm x 22 cm) ausrollen. Das Backblech mit Backpapier auslegen. Blätterteigboden darauflegen. Die Marzipancreme daraufstreichen, die Zwetschgenhälften darauf verteilen. Im Backofen (unten, Umluft 180°) ca. 30 Min. backen. Kuchen herausnehmen und mit glatt gerührtem Gelee bestreichen.

3 Einen Teller mit Backpapier belegen. Zucker in eine Pfanne geben und bei kleiner Hitze schmelzen, bis der Karamell hellbraun ist; die Mandelblättchen rasch unterrühren. Karamellmasse auf dem Backpapier verstreichen, erstarren lassen. In Stücke brechen und auf dem Kuchen verteilen.

saftig

Schneckenkuchen

Für den Teig
150 g Mehl | 1 TL Backpulver
75 g Magerquark | 4–5 EL Milch
4–5 EL neutrales Öl (z. B. Sonnenblumenöl)
30 g Zucker | 1 Prise Salz
Mehl zum Verarbeiten | Fett für die Form

Für die Füllung
2–3 Äpfel (ca. 250 g) | 50 g Zucker | 1 Ei
50 g gemahlene Haselnüsse
½ TL gemahlener Kardamom oder Zimtpulver
1 EL Apfel- oder Quittengelee

Für 1 Kranzform von 18 cm ∅ (6 Stück)
30 Min. Zubereitung | 30 Min. Backen
Pro Stück ca. 310 kcal, 7 g EW, 16 g F, 35 g KH

1 Mehl und Backpulver in eine Schüssel sieben. Quark, Milch, Öl, Zucker und Salz zufügen. Mit den Knethaken des Handrührgeräts zu einem glatten, elastischen Teig verarbeiten. In Folie wickeln und bei Zimmertemperatur ruhen lassen. Die Äpfel schälen, vierteln, entkernen und grob raspeln. Mit Zucker, Ei, Haselnüssen und Gewürzen mischen. Backofen auf 200° vorheizen, Form einfetten.

2 Den Teig auf wenig Mehl zu einem Rechteck von etwa 20 x 30 cm ausrollen. Füllung darauf verteilen und von der kurzen Seite her aufrollen. In 6 dicke Scheiben schneiden, nebeneinander in die Form legen. Im Backofen (Mitte, Umluft 180°) ca. 30 Min. backen. Aus dem Ofen nehmen, kurz ruhen lassen, dann auf ein Kuchengitter stürzen. Gelee glatt rühren und die Oberseite des heißen Kuchens damit bestreichen.

oben: Zwetschgenkuchen | unten: Schneckenkuchen

süß-sauer

Rhabarber-Himbeer-Kuchen

Eine perfekte Liaison aus säuerlichem Rhabarber, rosa Himbeeren und einer zuckersüßen, luftigen Haube aus zartem Baiser.

Für den Teig
100 g Mehl
1 TL Backpulver
50 g Magerquark
ca. 3 EL Milch
ca. 3 EL neutrales Öl (z. B. Sonnenblumenöl)
2 EL Zucker
1 Prise Salz
Mehl zum Verarbeiten
Fett für die Form

Für den Belag
ca. 200 g Rhabarber
100 g Himbeeren (frisch oder TK)
2–3 EL Semmel- oder Zwiebackbrösel
1 Päckchen Vanillezucker
1 Eiweiß
2 EL Zucker

Für 1 Springform von 20 cm ∅ (8 Stück)
25 Min. Zubereitung | 30 Min. Backen
Pro Stück ca. 150 kcal, 4 g EW, 5 g F, 21 g KH

1 Für den Quark-Öl-Teig Mehl und Backpulver in eine Rührschüssel sieben. Quark, Milch, Öl, Zucker und Salz hinzufügen. Mit den Knethaken des Handrührgeräts zu einem glatten, elastischen Teig verarbeiten. In Folie wickeln und bei Zimmertemperatur zur Seite stellen.

2 Für die Füllung den Rhabarber waschen, putzen, evtl. die Haut abziehen und in 3 cm lange Stücke schneiden. Die Himbeeren verlesen, TK-Ware unaufgetaut verwenden.

3 Den Backofen auf 175° vorheizen. Die Form einfetten. Teig in die Form geben und mit den Fingern zu einem Boden flach drücken, dabei einen kleinen Rand hochziehen. Teigboden mit Bröseln bestreuen. Rhabarber und Himbeeren darauf verteilen, mit Vanillezucker bestreuen. Kuchen im Ofen (Mitte, Umluft 160°) ca. 25 Min. backen.

4 In der Zwischenzeit für die Baisermasse das Eiweiß ganz steif schlagen, den Zucker einrieseln lassen und weiterschlagen, bis die Masse ganz dick-cremig ist. Kuchen aus dem Ofen nehmen, Baiser locker daraufstreichen. Bei gleicher Temperatur weitere ca. 5 Min. backen lassen, bis die Baisermasse zart gebräunt ist. Den Kuchen aus dem Ofen nehmen und abkühlen lassen.

UND DAZU?

Schlagen Sie dazu 200 g Schlagsahne, unter die Sie 1 EL Zucker und das Mark einer ausgekratzten Bourbon-Vanilleschote mischen.

VORRATS-TIPP

Wollen Sie die kurze Rhabarber-Saison verlängern, dann frieren Sie den Rhabarber doch einfach ein! Schneiden Sie die geputzten, rohen Stangen in kleine Stücke, frieren Sie diese auf einem Blech vor und geben Sie die Stückchen dann in einen Tiefkühlbeutel.

schmeckt warm und kalt

Normannische Apfeltarte

Für den Teig: 100 g Mehl | 30 g Zucker | 1 Prise Salz | 1 Eigelb | 50 g kalte Butter | Mehl zum Verarbeiten | Fett für die Form | getrocknete Hülsenfrüchte zum Blindbacken
Für den Belag: ca. 500 g säuerliche Äpfel (z. B. Renetten, Cox orange) | 3 EL Zucker | 40 g Butter | 2 EL Calvados (nach Belieben) | 1–2 TL frisch gepresster Zitronensaft

Für 1 Tarte- oder Springform von 20 cm ∅ (6 Stück)
50 Min. Zubereitung | 30 Min. Kühlen
40 Min. Backen
Pro Stück ca. 290 kcal, 3 g EW, 15 g F, 33 g KH

1 Für den Mürbeteig das Mehl auf die Arbeitsfläche sieben. In die Mitte eine Mulde drücken, Zucker und Salz daraufstreuen und das Eigelb hineingeben. Butter in Flöckchen auf dem Rand verteilen. Alle Teigzutaten zu einem geschmeidigen Teig verkneten. Teig in Folie gewickelt 30 Min. kalt stellen.

2 Backofen auf 200° vorheizen. Den Teig auf der bemehlten Arbeitsfläche rund ausrollen. Die Form einfetten und mit dem Teig auskleiden, dabei einen kleinen Rand bilden. Teigboden mit einer Gabel mehrmals einstechen, mit Backpapier belegen und mit getrockneten Hülsenfrüchten beschweren. Im Backofen (unten, Umluft 180°) ca. 20 Min. vorbacken. Backpapier und Hülsenfrüchte entfernen.

3 Inzwischen die Äpfel bis auf einen Apfel schälen, vierteln, entkernen und klein schneiden. Mit 1½ EL Zucker und 20 g Butter in einen kleinen Topf geben. Unter Rühren in 5–10 Min. zu weichem Kompott verkochen. Nach Belieben mit Calvados verfeinern. Den ganzen Apfel mit der Schale in dünne Ringe schneiden und mit Zitronensaft beträufeln.

4 Kompott auf dem Teigboden verstreichen. Apfelringe kreisförmig darauflegen und mit restlichem Zucker bestreuen. Mit restlicher Butter in Flöckchen belegen. Im Ofen (Mitte) weitere ca. 25 Min. backen.

herb-frisch

Orangentarte

Teigzutaten wie im nebenstehenden Rezept
Für den Belag: 2 Eier | 40 g Zucker | 150 g Crème fraîche | 1 EL Speisestärke | 1 Bio-Orange | 1 Bio-Zitrone

Für 1 Tarte- oder Springform von 20 cm ∅ (6 Stück)
40 Min. Zubereitung | 30 Min. Kühlen
50 Min. Backen
Pro Stück ca. 320 kcal, 5 g EW, 21 g F, 28 g KH

1 Einen Mürbeteig wie bei der Apfeltarte zubereiten und bei 200° (Umluft 180°) 20 Min. vorbacken. Eier und Zucker schaumig schlagen. Crème fraîche und Speisestärke unterrühren. Orange und Zitrone heiß abspülen, trocken reiben, die Schale fein abreiben. Orange und eine Zitronenhälfte auspressen. Saft und Schale unter die Crème-fraîche-Mischung rühren.

2 Form aus dem Ofen nehmen, Backpapier und Hülsenfrüchte entfernen. Backofen auf 150° (Umluft 140°) herunterschalten. Die Füllung auf den Teig gießen. Im Ofen (Mitte) ca. 30 Min. backen.

sommerlich | raffiniert

Heidelbeertarte

Teigzutaten wie im nebenstehenden Rezept
Für den Belag: 100 g Marzipan-Rohmasse | 150 g Schmand | 1 Ei | ½ Päckchen Vanillepuddingpulver | 100 g Heidelbeeren (frisch oder TK) | 1 EL gehackte Mandeln | Puderzucker zum Bestreuen

Für 1 Tarte- oder Springform von 20 cm ∅ (6 Stück)
40 Min. Zubereitung | 30 Min. Kühlen
45 Min. Backen
Pro Stück ca. 340 kcal, 6 g EW, 21 g F, 32 g KH

1 Einen Mürbeteig wie links zubereiten und bei 200° (Umluft 180°) 20 Min. vorbacken. Das Marzipan fein reiben. Mit Schmand verrühren, dann Ei und Puddingpulver unterrühren. Frische Beeren verlesen. TK-Ware unaufgetaut verwenden.

2 Form aus dem Ofen nehmen, Backpapier und Hülsenfrüchte entfernen. Die Marzipancreme auf den Teigboden geben. Beeren darauf verteilen, Mandeln darüberstreuen. Im Ofen (Mitte) 20–25 Min. backen. Mit Puderzucker bestreut servieren.

für Gourmets

Schokoladenkranz

Für den Teig
100 g Bitterschokolade (70% Kakaomasse)
100 g Butter | 125 g Zucker
4 EL ganze Haselnusskerne
2 Eier | 2 gestrichene EL Mehl
1 EL Kakao | 1 Prise Salz
Fett und Mehl für die Form
Für die Glasur
125 g Bitterschokolade (70% Kakaomasse)
100 g Sahne

Für 1 Kranzform von 18 cm ∅ (8 Stück)
40 Min. Zubereitung | 25–30 Min. Backen
Pro Stück ca. 410 kcal, 5 g EW, 28 g F, 34 g KH

1 Die Form einfetten und mit Mehl ausstreuen. Backofen auf 200° vorheizen. Schokolade und Butter im Wasserbad schmelzen. Zucker unterrühren und die Mischung etwas abkühlen lassen. Die Haselnüsse auf einem Backblech im Ofen (Mitte, Umluft 180°) 8–10 Min. rösten, bis die Schalen aufplatzen. Nüsse auf ein Küchentuch geben und damit die Schalen abreiben. 2 EL Nüsse mahlen, den Rest grob hacken.

2 Den Backofen auf 175° zurückschalten. Die Eier unter die Schokomasse rühren. Dann Mehl, gemahlene Haselnüsse, Kakao und Salz zugeben. Teig in die Form füllen. Im Ofen (Mitte, Umluft 160°) ca. 25 Min. backen. Auf einem Kuchengitter 20 Min. abkühlen lassen und stürzen. Nach dem Auskühlen Schokolade im Wasserbad schmelzen und Sahne unterrühren. Abgekühlt den Kuchen dick damit bestreichen und mit gehackten Nüssen bestreuen.

saftig

Birnen-Törtchen

100 g weiche Butter
100 g brauner Zucker
2 Eier
2 gestrichene EL Kakao
60 g gemahlene Mandeln
1½ TL Espressopulver
100 g Mehl
2 TL Backpulver
1 EL Kaffee- oder Mandellikör (z. B. Amaretto, nach Belieben)
2 kleine reife Birnen (ca. 250 g)
Fett und Mehl für die Förmchen

Für 6 Tassen oder Souffléförmchen à 8 cm ∅
25 Min. Zubereitung | 30 Min. Backen
Pro Stück ca. 375 kcal, 7 g EW, 23 g F, 35 g KH

1 Den Backofen auf 175° vorheizen. Tassen oder Förmchen gründlich einfetten und mit Mehl ausstreuen. Weiche Butter und Zucker gut schaumig rühren. Ein Ei nach dem anderen gründlich unterrühren.

2 Kakao, Mandeln, Espressopulver, Mehl und Backpulver mischen. Mehlmischung nach und nach unter die Butter-Ei-Creme rühren. Nach Belieben Likör unterrühren. Birnen schälen, vierteln, entkernen, die Viertel in Scheibchen schneiden. Unter den Teig rühren.

3 Teig in die Förmchen füllen. Im Ofen (Mitte, Umluft 160°) 25–30 Min. backen, die Törtchen sollen innen noch etwas weich sein. Die Förmchen aus dem Ofen nehmen, auf einem Kuchengitter etwas abkühlen lassen, dann die Törtchen evtl. mit Hilfe eines Messers aus den Förmchen lösen.

links: Schokoladenkranz | rechts: Birnen-Törtchen

gästefein

Schwarzwälder Kirschtorte

Die Schwarzwälder Kirschtorte im Miniformat werden Sie nicht mehr missen wollen: fein und klein lässt sie geschmacklich und optisch keine Wünsche offen!

Für den Teig
3 Eier | 1 Prise Salz
100 g Zucker
75 g Mehl
20 g Speisestärke
25 g Kakao

Für die Füllung
250 g Sauerkirschen
2–3 TL Speisestärke
75 ml Kirschsaft
3–4 EL Zucker | 400 g Sahne
1 Päckchen Sahnefestiger
3 EL Kirschwasser
20 g Bitterschokolade (70 % Kakaomasse)

Für 1 Springform von 20 cm ∅ (8 Stück)
75 Min. Zubereitung | 2 Std. Kühlen
30 Min. Backen
Pro Stück ca. 360 kcal, 6 g EW, 20 g F, 36 g KH

1 Backofen auf 175° vorheizen. Form am Boden mit Backpapier belegen. Für den Biskuit Eier trennen. Eiweiße und Salz steif schlagen. Eigelbe mit 2 EL warmem Wasser und Zucker schaumig schlagen, bis die Masse dick und hell geworden ist. Eigelbcreme auf den Eischnee geben. Mehl, Stärke und Kakao daraufsieben und mit einem Schneebesen locker unterheben.

2 Biskuitmasse in die Form füllen. Im Ofen (Mitte, Umluft 160°) 25–30 Min. backen. Biskuit herausnehmen und umgedreht auf einem Kuchengitter vollständig abkühlen lassen. Aus der Form lösen und das Backpapier abziehen.

3 Die Kirschen abspülen, trocken tupfen, 8 schöne Kirschen für die Verzierung beiseitelegen. Restliche Kirschen entsteinen. Speisestärke und 2 EL Kirschsaft verrühren. Restlichen Kirschsaft und 2 EL Zucker aufkochen. Kirschen zufügen und aufkochen. Angerührte Stärke einrühren, nochmals kurz aufkochen und abkühlen lassen.

4 Den Biskuit zweimal durchschneiden. Unteren Boden auf eine Tortenplatte legen. Die Sahne, restlichen Zucker und Sahnefestiger steif schlagen. Boden dünn damit bestreichen. Restliche Sahne in einen Spritzbeutel mit großer Lochtülle füllen. Auf den unteren Boden 3 Sahne-Ringe spritzen, die Zwischenräume mit der Hälfte der angedickten Kirschen füllen. Den mittleren Boden daraufsetzen und mit der Hälfte des Kirschwassers tränken. Wieder 3 Sahne-Ringe aufspritzen, die Zwischenräume mit den restlichen Kirschen füllen und den dritten Boden auflegen. Mit restlichem Kirschwasser tränken.

5 Die Torte rundherum mit restlicher Sahne aus dem Spritzbeutel bestreichen. Von der Schokolade mit einem Sparschäler Späne abhobeln, die Torte damit bestreuen und mit den beiseitegelegten Kirschen verzieren. Torte mind. 2 Std. kalt stellen.

AUSTAUSCH-TIPP

Wenn Kinder mitessen, können Sie die Torte anstelle von Kirschwasser mit Kirschsaft tränken.

Minis aus aller Welt

Ein neuseeländischer Koch gab mir das Rezept für diesen goldgelben, saftigen Kuchen. Der ungewöhnliche Teig mit Weißwein und Maisgrieß verleiht ihm den besonderen Geschmack. Mit Vanillesahne serviert ist er als Sonntagskuchen perfekt.

Gestürzter Birnen-Polenta-Kuchen

150 g brauner Zucker | 2 Eier
1 TL abgeriebene Bio-Zitronenschale
8 EL neutrales Öl (z. B. Raps- oder Sonnenblumenöl)
8 EL trockener Weißwein
2 TL frisch gepresster Zitronensaft
125 g Mehl | 1 TL Backpulver
50 g feiner Maisgrieß (Polenta)
2 kleine reife Birnen (ca. 250 g)
2 TL Apfel- oder Quittengelee zum Bestreichen
Fett für die Form

Für 1 Springform von 20 cm ∅ (8 Stück)
25 Min. Zubereitung | 50 Min. Backen
Pro Stück ca. 315 kcal, 4 g EW, 14 g F, 40 g KH

1 Den Boden der Form mit Backpapier belegen und mit 1 EL braunem Zucker bestreuen. Den Rand fetten und den Backofen auf 175° vorheizen.

2 Eier, Zucker und Zitronenschale schaumig schlagen. Öl, Wein und Zitronensaft dazugießen und kurz weiterrühren. Mehl, Backpulver und Maisgrieß dazugeben und gründlich unterrühren.

3 Die Birnen schälen, in Spalten schneiden und entkernen. Die Viertel kreisförmig auf den Boden der Form legen. Teig daraufgießen. Im Ofen (unten, Umluft 160°) in ca. 50 Min. goldgelb backen. In der Form etwas abkühlen lassen, dann auf eine Kuchenplatte stürzen. Das Gelee glatt rühren und die Oberfläche damit bestreichen.

aus Italien | raffiniert

Süße Focaccia mit Weintrauben

Diese fruchtige Variante des berühmten Brotfladens steht dem Original in nichts nach. Sie vereint Rosmarin, Weintrauben und Pinienkerne auf knusprigem Hefeteig.

Für den Teig
300 g Mehl
15 g frische Hefe
3 EL Zucker
1 gute Prise Salz
3 EL Olivenöl
Mehl für die Arbeitsfläche

Für den Belag
200 g grüne kernlose Weintrauben
2 EL frische Rosmarinnadeln
2 EL Zucker
2 EL Pinienkerne
1–2 EL Olivenöl

Für 1 Backblech (8 Stück)
30 Min. Zubereitung | 1 Std. 30 Min. Ruhen
25 Min. Backen
Pro Stück ca. 265 kcal, 5 g EW, 9 g F, 41 g KH

1 Für den Teig das Mehl in eine Schüssel geben, in die Mitte eine Mulde drücken. Die Hefe hineinbröckeln, mit ca. 175 ml lauwarmem Wasser, 1 EL Zucker und etwas Mehl vom Rand verrühren. Den Vorteig abgedeckt an einem warmen Ort 15 Min. gehen lassen.

2 Salz und 3 EL Öl zum gegangenen Vorteig geben. Zunächst mit den Knethaken des Handrührers, dann mit den Händen zu einem glatten, elastischen Teig verkneten. Teig mit etwas Öl einreiben und abgedeckt weitere 35–45 Min. an einem warmen Ort bis zur doppelten Größe gehen lassen.

3 Das Backblech mit Backpapier belegen. Den Teig gründlich durchkneten, teilen und beide Portionen länglich gleich groß, ca. 1 cm dick ausrollen. Einen Teigfladen auf das Backblech legen und mit den Fingern kleine Vertiefungen hineindrücken.

4 Die Weintrauben abspülen, trocken tupfen und abzupfen. Den Teigfladen mit der Hälfte der Weintrauben, der Hälfte des Rosmarins und 1 EL Zucker bestreuen. Zweiten Teigfladen darüberbreiten, Ränder andrücken, mit den Fingern kleine Vertiefungen in den Teig drücken. Mit restlichen Weintrauben, Rosmarin und Pinienkernen bestreuen und mit 1–2 EL Olivenöl beträufeln.

5 Abgedeckt weitere 30 Min. gehen lassen. Den Backofen auf 175° (Umluft 160°) vorheizen und den Kuchen in 20–25 Min. goldgelb backen. Abkühlen lassen und mit restlichem Zucker bestreuen.

UND DAZU?

Die Focaccia schmeckt frisch am besten. Ein Gläschen Dessertwein, wie z.B. eine Gewürztraminer Auslese, ergänzt die italienische Spezialität vortrefflich.

Klassiker aus Tirol

Schokoladen-Nuss-Kuchen

75 g Bitterschokolade (70 % Kakaomasse)
100 g weiche Butter
100 g Zucker | 3 Eier
60 g Mehl
1 TL Backpulver
100 g gemahlene Haselnüsse
1 Prise Salz
1 EL Rum (nach Belieben)
100 g Zartbitter-Kuvertüre
Fett und Semmelbrösel für die Form

Für 1 Kastenform von 20 cm Länge (12 Stück)
35 Min. Zubereitung | 45 Min. Backen
Pro Stück ca. 270 kcal, 4 g EW, 18 g F, 22 g KH

1 Schokolade grob raspeln. Weiche Butter schaumig rühren, Zucker dazugeben und weiterrühren. Eier trennen. Ein Eigelb nach dem anderen unter die Buttermasse rühren. Backofen auf 175° vorheizen.

2 Mehl und Backpulver mischen und auf die Ei-Butter-Masse sieben. Schokolade und Haselnüsse dazugeben und alles gut verrühren. Eiweiße und Salz zu steifem Eischnee schlagen und nach Belieben mit dem Rum behutsam unter den Teig ziehen.

3 Die Form gründlich einfetten und mit Bröseln ausstreuen. Teig einfüllen. Im Ofen (Mitte, Umluft 160°) 40–45 Min. backen. Herausnehmen, einige Min. in der Form abkühlen lassen, dann aus der Form lösen und auf einem Kuchengitter ganz auskühlen lassen. Die Kuvertüre zerbröckeln und im Wasserbad bei milder Hitze schmelzen lassen. Auf dem Kuchen verteilen und fest werden lassen.

aus Großbritannien | ganz einfach

Bread-and-Butter-Pudding

150 g Brioche oder Hefezopf
100 g Bitterschokolade (70% Kakaomasse)
3 Eier | 2 EL Zucker
300 ml Milch
1 EL Butter
Butter für die Förmchen

Für 6 Souffléförmchen oder hitzebeständige Tassen
20 Min. Zubereitung | 30 Min. Ruhen
20 Min. Backen
Pro Stück ca. 260 kcal, 8 g EW, 14 g F, 26 g KH

1 Souffléförmchen oder Tassen großzügig mit Butter ausstreichen. Brioche oder Hefezopf in Scheiben schneiden und in kleine Stücke zupfen. Schokolade in Stückchen teilen oder schneiden.

2 Eier, Zucker und Milch verquirlen. Abwechselnd eine Lage Brioche oder Hefezopf und Schokostückchen in die Förmchen schichten. Die Eiermilch daraufgießen und 30 Min. durchziehen lassen. Den Backofen auf 175° vorheizen.

3 Die Butter in Flöckchen darauf verteilen. Im Ofen (Mitte, Umluft 160°) in 15–20 Min. goldgelb backen. Heiß oder kalt genießen!

GEWÜRZTIPP

Wer's gerne würzig mag, gibt in die Eiermilch je 1–2 Msp. gemahlenen Koriander und Ingwer.

oben: Schokoladen-Nuss-Kuchen | unten: Bread-and-Butter-Pudding

erfrischend | auch als Dessert

Key-Lime-Pie

Die Inseln zwischen Miami und Key West werden als »keys« bezeichnet. Von dort stammt diese fruchtige Tarte mit sonnengereiften Limetten.

Für den Teig: 100 g Butterkekse (oder Vollkorn-Butterkekse) | 60 g Butter | 1 EL Zucker
Für die Füllung: 2 Bio-Limetten | 2 Eier | 60 g Puderzucker | 150 g Crème fraîche | 1 EL Speisestärke | 50 g feiner Zucker

Für 1 Tarteform von 20 cm ∅ (6 Stück)
35 Min. Zubereitung | 45 Min. Backen
Pro Stück ca. 360 kcal, 4 g EW, 22 g F, 37 g KH

1 Für den Krümelteig Butterkekse in einen Gefrierbeutel geben und mit dem Nudelholz fein zerkrümeln. Butter zerlassen, mit Kekskrümeln und Zucker mischen. Die Form mit Backpapier auslegen, Krümel hinein geben, andrücken und einen kleinen Rand bilden. Backofen auf 150° vorheizen.

2 Für die Füllung Limetten heiß abspülen, trocken reiben, die Schale fein abreiben und den Saft auspressen. Die Eier trennen. Eiweiße kalt stellen. Puderzucker und Eigelbe kräftig verrühren, dann 5 EL Limettensaft und die Limettenschale, Crème fraîche und Stärke unterrühren. Die Füllung auf den Krümelboden gießen. Die Tarte im Ofen (unten, Umluft 140°) 30–35 Min. backen.

3 Für die Baisermasse Eiweiße steif schlagen, Zucker einrieseln lassen und weiterschlagen, bis die Baisermasse ganz dick-cremig ist. Kuchen aus dem Ofen nehmen, Baiser locker daraufstreichen. Bei gleicher Temperatur weitere 10–12 Min. backen, bis die Spitzen leicht gebräunt sind. Herausnehmen und abkühlen lassen.

karibisch inspiriert

Kokosnusstarte

Teigzutaten wie im nebenstehenden Rezept
Für die Füllung: 1 Bio-Zitrone | 1 Ei | 75 g Zucker | 150 g Sahne | 125 g Kokosraspel

Für 1 Tarteform von 20 cm ∅ (6 Stück)
30 Min. Zubereitung | 40 Min. Backen
Pro Stück ca. 425 kcal, 4 g EW, 32 g F, 30 g KH

1 Krümelteig wie links bei der Key-Lime-Pie beschrieben zubereiten und in die Form drücken. Backofen auf 150° vorheizen.

2 Für die Füllung Zitrone heiß abspülen, trockenreiben, die Schale fein abreiben und den Saft auspressen. Ei und Zucker schaumig rühren, Zitronensaft und -schale und Sahne dazugeben und gut unterrühren. Die Kokosraspel zuletzt unterrühren.

3 Die Füllung auf den Teigboden gießen und die Tarte im Ofen (unten, Umluft 140°) 35–40 Min. backen, dabei zwischendurch eventuell mit Backpapier abdecken. Aus dem Ofen nehmen und abkühlen lassen.

Spezialität aus Frankreich | ohne Backen

Erdbeertarte

Teigzutaten wie im nebenstehenden Rezept
Für den Belag: 1 Vanilleschote | 3 EL Speisestärke | 300 ml Milch | 3 Eigelbe | 4 EL Puderzucker | 2 EL Butter | 250 g reife Erdbeeren | 1 EL gehackte ungesalzene Pistazienkerne

Für 1 Tarteform von 20 cm ((6 Stück)
35 Min. Zubereitung
Pro Stück ca. 315 kcal, 5 g EW, 19 g F, 31 g KH

1 Krümelteig wie links zubereiten, in die Form drücken und kalt stellen. Die Vanilleschote auskratzen. Stärke mit 3 EL Milch verrühren, Eigelbe unterrühren. Milch, Vanillemark, Puderzucker und Butter in einem Topf aufkochen. Die Stärke-Mischung in die Milch einrühren und aufkochen lassen, bis die Milch andickt. Die Creme abgekühlt durch ein Sieb streichen und auf den Boden geben. Die Erdbeeren abspülen, trocken tupfen und in Scheiben schneiden. Auf den Kuchen legen und mit Pistazienkernen bestreuen.

Spezialität aus Mallorca

Mandelkuchen

1 Bio-Zitrone
3 Eier
100 g Zucker
100 g abgezogene gemahlene Mandeln
1 Prise Zimtpulver
Puderzucker zum Bestäuben
Fett und Mehl für die Form

Für 1 Springform von 20 cm ∅ (8 Stück)
30 Min. Zubereitung | 25 Min. Backen
Pro Stück ca. 165 kcal, 5 g EW, 9 g F, 17 g KH

1 Den Backofen auf 150° vorheizen. Die Form einfetten und mit Mehl ausstreuen. Die Zitrone heiß abspülen, trockenreiben, die Schale fein abreiben und 1 EL Saft auspressen.

2 Eier trennen. Eiweiße und Zitronensaft zu steifem Eischnee schlagen. Eigelbe und Zucker kräftig schaumig rühren. Zitronenschale, Mandeln und Zimt unterrühren. Die Hälfte des Eischnees unterrühren, die zweite Hälfte behutsam unterheben.

3 Den Teig in die Form gießen. Im Ofen (Mitte, Umluft 140°) 20–25 Min. backen. Herausnehmen und abkühlen lassen. Mit Puderzucker bestäuben.

GUT ZU WISSEN

Ganze Mandeln halten sich länger frisch als bereits gemahlene. Benötigen Sie gehäutete Mandeln, überbrühen Sie die von der hellbraunen Haut umgebenen braunen Mandelkerne mit kochendem Wasser und lassen sie kurz stehen. Anschließend die Mandeln kalt abschrecken und die Kerne aus den Häutchen drücken.

Klassiker aus Südfrankreich

Gâteau basque

225 g Mehl
125 g Zucker | 1 Msp. Salz
1 TL abgeriebene Bio-Zitronenschale
1 Ei | 125 g kalte Butter
Mehl zum Verarbeiten | Fett für die Form
150 g Kirschkonfitüre
1 Eigelb zum Bestreichen

Für 1 Springform von 20 cm ∅ (8 Stück)
20 Min. Zubereitung | 1 Std. Kühlen
35 Min. Backen
Pro Stück ca. 345 kcal, 4 g EW, 15 g F, 48 g KH

1 Für den Mürbeteig das Mehl auf die Arbeitsfläche sieben. In die Mitte eine Mulde drücken, Zucker, Salz und Zitronenschale daraufstreuen und das Ei hinein geben. Butter in Flöckchen auf dem Rand verteilen. Alle Zutaten vom Rand aus rasch zu einem geschmeidigen Teig verkneten. Teig in Folie gewickelt 1 Std. kalt stellen.

2 Den Backofen auf 200° vorheizen. Die Form einfetten. Den Teig auf der bemehlten Arbeitsfläche kurz durchkneten, dann zwei Drittel davon etwas größer als die Form rund ausrollen. Den Teig in die Form legen, dabei einen niedrigen Rand bilden. Die Konfitüre darauf verstreichen.

3 Restlichen Teig in Größe der Form rund ausrollen und auf die Konfitüre legen. Die Teigränder zusammenkneifen. Teigoberfläche mit einer Gabel mehrmals einstechen und mit Eigelb bestreichen. Im Ofen (unten, Umluft 180°) 30–35 Min. backen. Auf einem Kuchengitter auskühlen lassen.

links: Gâteau basque | rechts: Mandelkuchen

französisch | raffiniert

Ziegenkäsetarte mit Feigen

Ziegenkäse im Kuchen? Das klingt sehr ungewöhnlich, schmeckt aber vorzüglich! Der Ziegenfrischkäse ist mild genug, um mit der Süße des Kuchens zu harmonieren.

Für den Krümelboden
100 g Butterkekse
50 g Butter
Für den Belag
2 Eier
1 Prise Salz
75 g Zucker
150 g Ziegenfrischkäse
150 g Magerquark
1 Päckchen Sahne-Puddingpulver
1 TL Backpulver
1 TL abgeriebene Bio-Zitronenschale
1–2 TL frisch gepresster Zitronensaft
2–3 reife Feigen
1 gehäufter EL Rotes Johannisbeer- oder rotes Weingelee

Für 1 Springform von 20 cm ∅ (8 Stück)
45 Min. Zubereitung | 30 Min. Kühlen
70 Min. Backen
Pro Stück ca. 250 kcal, 11 g EW, 11 g F, 28 g KH

1 Für den Krümelboden die Butterkekse in einen Gefrierbeutel geben und mit dem Nudelholz fein zerkrümeln. Die Butter zerlassen, mit den Keksbrümeln mischen. Die Form mit Backpapier auslegen, den Krümelteig hineingeben, andrücken und einen kleinen Rand bilden. 30 Min. kalt stellen.

2 Den Backofen auf 150° vorheizen. Für die Füllung die Eier trennen. Eiweiße mit Salz zu steifem Eischnee schlagen. Die Eigelbe und Zucker cremig rühren. Ziegenfrischkäse, Quark, Puddingpulver, Backpulver, Zitronenschale und -saft gut unterrühren. Den Eischnee unterheben.

3 Die Füllung auf dem Boden verstreichen und den Kuchen im Ofen (unten, Umluft 140°) 60–70 Min. backen. Auf einem Kuchengitter abkühlen lassen. Die Feigen in dünne Scheiben schneiden und auf den erkalteten Kuchen legen. Gelee glatt rühren und die Feigen damit bestreichen.

GUT ZU WISSEN

Feigen sind bei uns mittlerweile ganzjährig im Handel. Ab Juli kommen die aromatischen Früchte aus Spanien, Italien und Frankreich, den Rest des Jahres überwiegend aus Südamerika. Am besten schmecken sie immer vollreif, ob mit oder ohne Schale, ist Geschmackssache.

AUSTAUSCH-TIPP

Wer kein Liebhaber von Ziegenkäse ist, kann den Ziegenfrischkäse durch Doppelrahm-Frischkäse ersetzen.

bleibt aluverpackt lange frisch

Panforte di Siena

100 g Haselnusskerne | 100 g Orangeat
50 g getrocknete Feigen | 100 g Rosinen
50 g ungesalzene Pistazienkerne
125 g Mehl | 1 TL Zimtpulver
je 1 Prise gemahlene Nelken, Koriander und Muskatnuss
150 g Zucker | 150 g Honig
Milch zum Verarbeiten
1 TL Puderzucker und 1 Msp. Zimtpulver zum Bestäuben

Für 1 Springform von 20 cm ∅ (16 Stück)
30 Min. Zubereitung | 40 Min. Backen
Pro Stück ca. 200 kcal, 3 g EW, 6 g F, 36 g KH

1 Den Backofen auf 200° vorheizen. Boden und Rand der Form mit Backpapier auslegen. Haselnüsse im Ofen (Mitte, Umluft 180°) 6-10 Min. rösten, bis die Häutchen platzen. Auf ein Küchentuch geben und damit die Schalen abreiben. Backofen auf 150° herunterschalten. Feigen und Orangeat klein hacken. Haselnusskerne, Orangeat, Feigen, Rosinen und Pistazien in einer Schüssel mit Mehl und Gewürzen mischen.

2 Zucker und Honig in einem Topf unter Rühren aufkochen und 2-3 Min. kochen. Rasch unter die Nussmischung rühren, alles schnell in die Form geben und mit in Milch angefeuchteten Händen festdrücken. Das muss schnell gehen, die Masse wird rasch fest! Im Ofen (Mitte, Umluft 140°) 35-40 Min. backen. Ganz abkühlen lassen, aus der Form lösen, Backpapier abziehen. Mit dem Puderzucker-Gemisch bestreuen.

Klassiker aus der Schweiz

Walliser Walnusskuchen

200 g Walnusskerne
1 EL Butter | 100 g Zucker
30 g Zwieback (3 Stück) | 3 Eier
1 gestrichener TL Backpulver
100 g Vollmilch-Kuvertüre
Fett und Mehl für die Form

Für 1 Kranzform von 18 cm ∅ (8 Stück)
35 Min. Zubereitung | 25 Min. Backen
Pro Stück ca. 345 kcal, 8 g EW, 23 g F, 26 g KH

1 Zum Garnieren 8 Walnusskerne beiseitelegen. 50 g Walnusskerne fein hacken. Butter in einer Pfanne erhitzen, gehackte Walnusskerne zufügen und unter Wenden kurz rösten. 1 EL Zucker darüberstreuen, leicht karamellisieren, dann abkühlen lassen.

2 Die restlichen Walnüsse und grob zerbrochene Zwiebäcke im Blitzhacker fein mahlen. Die Form gründlich einfetten und mit Mehl ausstreuen. Den Backofen auf 175° vorheizen.

3 Eier und restlichen Zucker kräftig verrühren, bis die Masse schaumig ist. Walnuss-Zwieback-Mischung, Backpulver und karamellisierte Walnüsse unterrühren. Teig in die Form füllen. Im Ofen (unten, Umluft 160°) 20–25 Min. backen. Herausnehmen, 10 Min. in der Form stehen lassen, dann auf ein Kuchengitter stürzen und abkühlen lassen.

4 Die Kuvertüre grob hacken und im Wasserbad bei milder Hitze schmelzen lassen. Den Kuchen damit überziehen und mit den ganzen Walnusskernen verzieren.

links: Walliser Walnusskuchen | rechts: Panforte di Siena

Klein & kinderleicht

So richtig Spaß macht das Backen erst, wenn man mit kleinen Helfern zusammen die Küche erobert. Dieser Ofenschlupfer ist dafür besonders geeignet, denn beim Schichten und Gießen kann nichts schiefgehen und das Ergebnis ist superlecker!

Schwäbischer Ofenschlupfer

25 g Rosinen
1–2 EL Rum oder Apfelsaft
2 Brötchen vom Vortag
1 großer säuerlicher Apfel (z. B. Boskop)
½ Vanilleschote
100 g Sahne | 100 ml Milch
3 Eier | 40 g Zucker
Fett für die Form
1 EL Mandelstifte
Puderzucker zum Bestreuen

Für 1 Auflaufform von 20 cm Länge oder 1 Springform von 20 cm Ø (4 Portionen)
25 Min. Zubereitung | 30 Min. Backen
Pro Stück ca. 330 kcal, 9 g EW, 16 g F, 35 g KH

1 Den Backofen auf 200° vorheizen. Form einfetten. Die Rosinen in Rum oder Apfelsaft einweichen, die Brötchen in 2 cm große Würfel schneiden. Apfel abspülen, trocken tupfen, vierteln, entkernen und die Viertel in Spalten schneiden. Die halbe Vanilleschote der Länge nach aufschlitzen und das Mark herauskratzen. Sahne, Milch, Eier, Vanillemark und Zucker verquirlen.

2 Brötchenwürfel, Apfelspalten und Rosinen in die Form geben. Eiersahne darübergießen. Mit Mandelstiften bestreuen. Im Ofen (Mitte, Umluft 180°) 25–30 Min. backen, dabei zwischendurch evtl. abdecken. Nach Belieben mit Puderzucker bestreuen und noch warm servieren.

UND DAZU?
Dazu passt am besten eine cremige Vanillesauce oder Weinschaumsauce.

vollwertig

Erdnuss-Muffins

50 g kernige Haferflocken | 150 g Joghurt | 40 g gesalzene Erdnüsse | 75 g Vollkornmehl | 2 TL Backpulver | 1 Ei | 75 g brauner Zucker | 2 EL neutrales Öl | 60 g Erdnussbutter | Fett für das Muffinsblech

Für 1 Muffinsblech (6 Mulden)
15 Min. Zubereitung | 25 Min. Backen
Pro Stück ca. 290 kcal, 9 g EW, 16 g F, 28 g KH

1 Den Backofen auf 175° vorheizen. Das Muffinsblech einfetten. Haferflocken und Joghurt verrühren und quellen lassen. Erdnüsse bis auf 1 EL grob hacken. Mehl, Backpulver und gehackte Erdnüsse vermischen. Ei mit Zucker, Öl, Erdnussbutter und Haferflocken-Joghurt-Mischung verrühren. Die Mehlmischung unterrühren.

2 Teig in die Mulden füllen. Mit restlichen Erdnüssen bestreuen. Im heißen Ofen (Mitte, Umluft 160°) in 20–25 Min. backen. 5 Min. stehen lassen, dann aus den Förmchen lösen und abkühlen lassen.

fruchtig | blitzschnell

Heidelbeer-Muffins

ca. 100 g Heidelbeeren (frisch oder TK-Beeren unaufgetaut) | 40 g Amaretti (ital. Mandelmakronen) | 125 g Mehl | 2 TL Backpulver | 1 Ei | 75 g Zucker | 4 EL neutrales Öl | 150 g Joghurt | Fett für das Muffinsblech

Für 1 Muffinsblech (6 Mulden)
15 Min. Zubereitung | 25 Min. Backen
Pro Stück ca. 260 kcal, 5 g EW, 12 g F, 32 g KH

1 Den Backofen auf 175° vorheizen. Das Muffinsblech einfetten. Die Heidelbeeren verlesen. Amaretti grob hacken. Mehl, Backpulver und Amaretti vermischen. Ei mit Zucker, Öl und Joghurt verrühren. Die Mehl-Mischung unterrühren.

2 Die Hälfte des Teiges in die Mulden füllen, mit der Hälfte der Heidelbeeren belegen. Übrigen Teig daraufgeben und mit restlichen Beeren belegen. Im heißen Ofen (Mitte, Umluft 160°) in 20–25 Min. goldbraun backen. 5 Min. stehen lassen, dann aus den Förmchen lösen und abkühlen lassen.

knusprig-süß

Riesen-Cookies

75 g gesalzene Macadamianüsse | 75 g Bitter- oder Vollmilch-Schokolade | 150 g Mehl | 1 TL Backpulver | 125 g weiche Butter | 100 g Zucker | 1 Päckchen Vanillezucker | 1 Ei

Für 6 sehr große Cookies (á 4 Stück)
20 Min. Zubereitung | 20 Min. Backen
Pro Stück ca. 120 kcal, 1 g EW, 8 g F, 11 g KH

1 Backofen auf 175° vorheizen. Nüsse grob hacken, Schokolade in 1 cm große Stücke schneiden. Mehl und Backpulver mischen. Butter, Zucker und Vanillezucker schaumig schlagen. Das Ei zugeben. Die Mehlmischung unterrühren. Backblech mit Backpapier belegen.

2 Aus dem Teig mit bemehlten Händen 6 Kugeln formen. Mit großem Abstand auf das Blech legen und flach drücken. Schokolade und Nüsse hineindrücken, nochmals flach drücken. Im Ofen (Mitte, Umluft 160°) 15–20 Min. backen. Nach dem Abkühlen jeweils vierteln.

auch als Dessert

Himbeer-Crumble

40 g Butter | 60 g Mehl | 20 g gemahlene Mandeln | 50 g brauner Zucker | 2 große säuerliche Äpfel | 2 EL frisch gepresster Zitronensaft | 100 g Himbeeren (frische oder TK-Beeren, unaufgetaut) | 1 EL Mandelblättchen | Fett für die Form

Für 1 Auflaufform von 20 cm Länge (4 Portionen)
15 Min. Zubereitung | 25 Min. Backen
Pro Stück ca. 260 kcal, 3 g EW, 13 g F, 31 g KH

1 Butter schmelzen. Mehl, gemahlene Mandeln, Zucker und die leicht abgekühlte Butter in einer Schüssel zu Streuseln krümeln. Äpfel schälen, vierteln, entkernen und mit Zitronensaft beträufeln. Backofen auf 200° vorheizen.

2 Form fetten, Äpfel und Himbeeren hineingeben. Mit Streuseln bedecken, mit Mandelblättchen bestreuen. Im Ofen (Mitte, Umluft 180°) in ca. 25 Min. goldbraun backen und lauwarm auftragen.

urgesund | gelingt leicht

Rüblikuchen

Rohkost in ihrer besten Form: Die Möhren machen den Kuchen supersaftig und die weiße Schokolade im Teig und obenauf hilft dabei noch einmal nach.

100 g weiße Kuvertüre
100 g Möhren
3 Eier
1 Prise Salz
75 g weiche Butter
75 g brauner Zucker
100 g gemahlene Mandeln
25 g Semmel- oder Zwiebackbrösel
½ TL gemahlener Koriander oder Zimtpulver
Fett für die Form

Für 1 Springform von 20 cm ∅ (8 Stück) oder eine eckige Form von 18 cm x 18 cm
30 Min. Zubereitung | 40 Min. Backen
Pro Stück ca. 295 kcal, 8 g EW, 22 g F, 19 g KH

1 Die Kuvertüre hacken und im warmen Wasserbad schmelzen. Die Möhren schälen und auf der Rohkostreibe fein reiben. Den Backofen auf 175° vorheizen, die Springform einfetten oder mit Backpapier auslegen.

2 Die Eier trennen. Eiweiße und Salz steif schlagen und kühl stellen. Weiche Butter und Zucker mit den Quirlen des Handrührgeräts kräftig schaumig schlagen. Die Eigelbe nacheinander unterrühren. Schokolade (bis auf einen EL), Mandeln, Semmel- oder Zwiebackbrösel, Koriander oder Zimt und Möhren unterrühren. Zum Schluss den Eischnee behutsam unterheben.

3 Den Teig in die Form füllen und glatt streichen. Im Ofen (Mitte, Umluft 160°) 35–40 Min. backen. Den Kuchen abkühlen lassen. Restliche Schokolade evtl. im Wasserbad nochmals verflüssigen, in einen Spritzbeutel geben und den Kuchen damit schlierenartig verzieren.

VORRATS-TIPP

Solange noch keine Glasur auf dem Kuchen ist, können Sie ihn – als Ganzes oder auch in Stücke geschnitten – prima einfrieren.

FRUCHTIGE VARIANTE – MIT APRIKOSEN

Verteilen Sie frische, gehäutete Aprikosenhälften oder auch den Inhalt einer kleinen Dose Aprikosenhälften, die Sie davor sehr gut abtropfen lassen, auf dem Teig.

SERVIER-TIPP

Ihre Kinder werden begeistert sein: Krönen Sie die Kuchenstücke zur Abwechslung mal mit einer Kugel Vanille- oder Nusseis. Das wird der Hit auf der nächsten Geburtstagsfeier!

macht schnell was her

Käse-Kirschkuchen

75 g weiche Butter
100 g Zucker
2 Eier
250 g Magerquark
200 g Doppelrahm-Frischkäse
50 g Grieß
2 TL frisch gepresster Zitronensaft
1 TL abgeriebene Bio-Zitronenschale
200 g frische Kirschen (oder 150 g Kirschen aus dem Glas)
Fett für die Form

Für 1 Springform von 20 cm ∅ (8 Stück)
25 Min. Zubereitung | 40 Min. Backen
Pro Stück ca. 205 kcal, 7 g EW, 10 g F, 22 g KH

1 Den Boden der Form mit Backpapier belegen und den Backofen auf 175° vorheizen. Weiche Butter und Zucker mit den Quirlen des Handrührgeräts gut schaumig rühren. Ein Ei nach dem anderen gründlich unterrühren. Quark, Frischkäse, Grieß, Zitronensaft und -schale unter die Eicreme rühren. In die Form füllen.

2 Kirschen aus dem Glas gut abtropfen lassen, frische Kirschen entsteinen. Auf der Quarkcreme verteilen. Im Ofen (Mitte, Umluft 160°) 35–40 Min. backen.

AUSTAUSCH-TIPP

Außerhalb der Kirschensaison schmeckt der saftige Kuchen auch köstlich mit Aprikosen, entweder frische gehäutet oder Früchte aus der Dose nehmen.

gut vorzubereiten

Schoko-Mohn-Torte

Für den Teig
50 g Bitterschokolade (70 % Kakaomasse)
100 g Butter | 75 g Zucker | 3 Eier
50 g Mehl | 50 g Speisestärke
1 TL Backpulver
100 g gemahlener Mohn
1 Prise Salz | Fett für die Form
Für die Glasur
50 g Bitterschokolade (70 % Kakaomasse)
20 g Puderzucker
20 g Butter | 2 EL Sahne

Für 1 Springform von 20 cm ∅ (8 Stück)
40 Min. Zubereitung | 30 Min. Backen
Pro Stück ca. 370 kcal, 7 g EW, 25 g F, 29 g KH

1 Schokolade fein hacken. Backofen auf 200° vorheizen. Formboden mit Backpapier belegen und den Rand fetten. Die Butter und die Hälfte des Zuckers schaumig rühren. Eier trennen und Eigelbe unter die Creme rühren. Mehl, Stärke und Backpulver mischen und mit Schokolade und Mohn abwechselnd unterziehen.

2 Eiweiße mit Salz und restlichem Zucker steif schlagen und unter die Mohnmasse heben. Teig in die Form füllen und im Ofen (Mitte, Umluft 180°) 25–30 Min. backen. Auf einem Kuchengitter ganz abkühlen lassen. Die Schokolade im Wasserbad schmelzen. Gesiebten Puderzucker, Butter und Sahne zugeben und glatt rühren. Die Torte damit überziehen.

oben: Schoko-Mohn-Torte | unten: Käse-Kirschkuchen

cremig-raffiniert

Käsesahne-Brownies

Das könnten Ihre Lieblingsbrownies werden: optisch ein super Hingucker, geschmacklich eine Wucht!

Für den Teig: 50 g Bitterschokolade (70 % Kakaomasse) | 50 g Butter | 1 Ei | 100 g Zucker | 50 g Mehl
Für die Creme: 25 g weiche Butter | 75 g Frischkäse | 40 g Zucker | 1 Ei | 20 g Mehl

Für 1 Kastenform von 20 cm Länge (8 Stück)
30 Min. Zubereitung | 35 Min. Backen
Pro Stück ca. 250 kcal, 3 g EW, 14 g F, 28 g KH

1 Form mit Backpapier auslegen. Backofen auf 175° vorheizen. Schokolade hacken und mit Butter im Wasserbad schmelzen. Abkühlen lassen, das Ei verquirlen, mit dem Zucker unter die Schokomasse rühren, zuletzt das Mehl unterrühren.

2 Für die Frischkäsecreme sehr weiche Butter und Frischkäse mit einem Schneebesen verrühren. Zucker und Ei, zuletzt das Mehl unterrühren.

3 Den Schokoladenteig in die Form streichen und die Frischkäsecreme daraufgeben. Mit einer Gabel die Teige so verrühren, dass eine Marmorierung entsteht. Im Ofen (Mitte, Umluft 160°) 30–35 Min. backen. Der Teig soll noch weich sein. In der Form abkühlen lassen, dann mit Hilfe des Backpapiers aus der Form lösen und in acht Stücke schneiden.

AROMA-TIPP

Wer's noch edler mag, rührt unter die Frischkäsecreme das Mark einer ausgekratzten Vanilleschote.

FRUCHTIGE VARIANTE

Backen Sie einige Kirschen (frische, entsteinte, abgetropfte aus dem Glas oder TK-Ware) im Schokoteig mit.

pikant

Erdnussbutter-Brownies

75 g weiche Butter | 100 g Erdnussbutter | 175 g Zucker | 2 Eier | 150 g Mehl | 1 TL Backpulver | 2–3 EL gesalzene Erdnusskerne

Für 1 Springform von 20 cm ∅ (12 Stück)
20 Min. Zubereitung | 20 Min. Backen
Pro Stück ca. 230 kcal, 5 g EW, 12 g F, 25 g KH

1 Die Form mit Backpapier belegen. Backofen auf 175° (Umluft 160°) vorheizen. Für den Teig weiche Butter und Erdnussbutter hell-cremig schlagen. Zucker dazugeben und gründlich unterrühren. Ein Ei nach dem anderen gut unterrühren. Mehl und Backpulver mischen und zuletzt kurz unterrühren.

2 Den Teig in die Form füllen, glatt streichen. Mit Erdnusskernen bestreuen. Im Ofen (Mitte) 30–35 Min. backen. Die Oberfläche soll knusprig, das Innere noch weich sein. In der Form abkühlen lassen und in zwölf Stücke schneiden.

für Süßschnäbel

Haselnuss-Brownies

50 g Bitterschokolade (70 % Kakaomasse) | 50 g Butter | 1 Ei | 100 g brauner Zucker | 50 g Mehl | 2 EL Haselnusskerne | 50 g Nussnougat-Masse

Für 1 Kastenform von 20 cm Länge (8 Stück)
20 Min. Zubereitung | 20 Min. Backen
Pro Stück ca. 210 kcal, 3 g EW, 11 g F, 25 g KH

1 Form mit Backpapier auslegen. Backofen auf 175° vorheizen. Schokolade und Butter im Wasserbad schmelzen, abkühlen lassen. Das Ei verquirlen, mit Zucker und Mehl unter die Creme rühren. Haselnusskerne grob hacken, Nussnougat in Würfel schneiden und beides unterheben.

2 Teig in die Form füllen und im Ofen (Mitte, Umluft 160°) ca. 20 Min. backen. In der Form abkühlen lassen, dann herauslösen und in acht Stücke schneiden.

gut vorzubereiten

Orangenkranz

Der saftige Kranz ist ein echter Allrounder. Er schmeckt das ganze Jahr über und ist im Nu gemacht. Orangensaft und Kuvertüre halten ihn lange frisch.

Für den Teig
100 g weiche Butter
100 g Zucker
1 Prise Salz
2 Eier
2 TL abgeriebene Bio-Orangenschale
8 EL frisch gepresster Orangensaft
150 g Mehl
1 TL Backpulver
20 g Puderzucker
Fett und Mehl für die Form
Für die Glasur
75 g weiße Kuvertüre
1 EL Butter

Für 1 Kranzform von 18 cm ∅ (8 Stück)
30 Min. Zubereitung | 30 Min. Backen
Pro Stück ca. 310 kcal, 5 g EW, 17 g F, 35 g KH

1 Die Form gut einfetten und mit Mehl bestäuben. Backofen auf 175° vorheizen. Butter, Zucker und Salz sehr schaumig rühren. Ein Ei nach dem anderen gründlich unterrühren, Orangenschale und 2 EL Orangensaft untermischen. Mehl und Backpulver mischen, kurz unterrühren.

2 Den Teig in die Form füllen und glatt streichen. Im Backofen (Mitte, Umluft 160°) ca. 30 Min. backen. Auf einem Kuchengitter kurz abkühlen lassen, dann aus der Form auf eine Kuchenplatte stürzen.

3 Für den Sirup restliche 6 EL Orangensaft und Puderzucker verrühren. Den noch warmen Kuchen mit einem Holzstäbchen an der Oberseite mehrmals einstechen und mit der Orangensaft-Mischung beträufeln. Kuchen abkühlen lassen.

4 Für die Glasur die Kuvertüre hacken und mit 1 EL Wasser im Wasserbad schmelzen lassen. Butter dazugeben und gut unterrühren. Glasur mit einem Esslöffel auf dem Kuchen verteilen, fest werden lassen.

SERVIER-TIPP

Der Kranz kann ganz einfach und schnell gefüllt werden. Schneiden Sie den Kuchen vor dem Tränken waagerecht ein- bis zweimal durch und bestreichen Sie die Schichten mit Orangenmarmelade. Nach dem Zusammensetzen wird er dann wie im Rezept angegeben getränkt.

AUSTAUSCH-TIPP

Wie wär's zur Abwechslung mal mit einem erfrischenden Limettenkranz? Verwenden Sie für den Teig statt Orangenschale und -saft die gleiche Menge Limettenschale und -saft. Für den Sirup verrühren Sie 6 EL Limettensaft, den Sie mit 40 g Puderzucker süßen. Achten Sie beim Einkauf der Früchte auf Bio-Ware!

Zum Gebrauch
Damit Sie Rezepte mit bestimmtem Zutaten noch schneller finden können, stehen in diesem Register zusätzlich auch beliebte Zutaten wie **Mandeln** oder **Quark** ebenfalls alphabetisch geordnet und **hervorgehoben** – über den entsprechenden Rezepten.

Programmleitung: Doris Birk
Leitende Redakteurin: Birgit Rademacker
Redaktion: Tanja Dusy
Lektorat: Petra Puster
Layout, Typografie und Umschlaggestaltung: independent Medien-Design, München
Satz: Liebl Satz+Grafik, Emmering
Herstellung: Petra Roth
Reproduktion: Penta Repro, München
Druck: Firmengruppe APPL, aprinta druck, Wemding
Bindung: Firmengruppe APPL, sellier druck, Freising

ISBN 978-3-8338-0862-3

8. Auflage 2008

GRÄFE UND UNZER

Ein Unternehmen der
GANSKE VERLAGSGRUPPE

Die Autorin

Anne-Katrin Weber lebt und arbeitet in Hamburg. Als Foodstylistin, Produzentin, Buch- und Rezeptautorin arbeitet sie für Zeitschriften, Buchverlage und Werbeagenturen. Ihre Vorliebe für französische Küche, Kuchen und Kultur führt die Mutter zweier Kinder häufig nach Frankreich, immer auf der Suche nach neuen Rezepten oder einfach nur nach dem besten Croissant.

Der Fotograf

Wolfgang Schardt kann seine Liebe für Essen und Trinken beruflich ausleben: In seinem Studio in Hamburg fotografiert er vor allem Food, Stills und Interieur für Magazine wie FEINSCHMECKER, für Verlage und Werbung. Die Kuchen in diesem Buch wurden von der Autorin selbst gebacken und in Szene gesetzt.

Bildnachweis

Titelfoto: Jörn Rynio; alle anderen: Wolfgang Schardt, beide Hamburg.

Titelbildrezept

Auf dem Titelbild sehen Sie die Käsesahnetorte von Seite 15.

Die Temperaturangaben bei Gasherden variieren von Hersteller zu Hersteller. Welche Stufe Ihres Herdes der jeweils angegebenen Temperatur entspricht, entnehmen Sie bitte der Gebrauchsanweisung. Bei Elektroherden können die Backzeiten je nach Herd variieren.

Kochlust pur

Preis je Band: 7,50 €

Die neuen KüchenRatgeber – da steckt mehr drin

ISBN 978-3-8338-0310-9
64 Seiten

ISBN 978-3-8338-0682-7
64 Seiten

ISBN 978-3-8338-0312-3
64 Seiten

ISBN 978-3-8338-0680-3
64 Seiten

ISBN 978-3-8338-0678-0
64 Seiten

ISBN 978-3-8338-0321-5
64 Seiten

Änderungen und Irrtum vorbehalten

Das macht sie so besonders:

- **Neue mmmh-Rezepte** – unsere beste Auswahl für Sie
- **Praktische Klappen** – alle Infos auf einen Blick
- **Die 10 GU-Erfolgstipps** – so gelingt es garantiert

GU

Willkommen im Leben.

küchen götter.de
powered by GU

Einfach göttlich kochen und himmlisch speisen?

Die passenden Rezepte, Küchentipps und -tricks

in Wort und Film finden Sie ganz einfach unter:

www.küchengötter.de

Glänzend: Schokoladenglasuren

Kuvertüre und Schokolade

Spritztüte

Cremige Schokoladenglasur

Schokoladenvielfalt Ob weiß, vollmilchbraun oder ganz dunkel – Sie haben die Wahl. In der Backstube kommt beim Überziehen von Kuchen meist Kuvertüre zum Einsatz, da sie schon bei niedrigeren Temperaturen wegen ihres hohen Kakaobutteranteils schmilzt. Sie wird recht dünnflüssig und lässt sich daher schön verteilen. Sobald die Kuvertüre auf dem Kuchen ist, wird sie schnell wieder fest und bleibt dabei glänzend. Normale Schokolade besteht aus Kakaomasse, Kakaobutter, Zucker und Milchbestandteilen. Weiße Schokolade ist ein Sonderfall: Sie ist weiß, da ihr bei der Herstellung der Kakaomasse das dunkle Kakaopulver entzogen wird.

Schokolade schmelzen Brechen Sie Schokolade in kleine Stückchen oder hacken Sie Kuvertüre möglichst gleichmäßig klein. Zwei Drittel der Schokolade geben Sie in eine kleine Metallschüssel, die Sie in einem warmen Wasserbad bei mittlerer Hitze schmelzen lassen. Die Schüssel soll das Wasser nicht berühren! Ist die Schokolade flüssig, nehmen Sie die Schüssel vom Wasserbad. Unter die flüssige Schokolade rühren Sie das restliche Drittel der zerkleinerten Schokolade. Nun ist die Temperatur richtig, um den ganz abgekühlten Kuchen damit zu überziehen. Für feine Schokoschlieren füllen Sie die flüssige Schokolade in einen kleinen TK-Beutel, an dessen einem unteren Ende Sie vor dem Auftragen eine kleine Ecke abschneiden.

Cremige Schokoladenglasur Für einen cremigdicken Schokobelag schmelzen Sie 100 g Bitter-Schokolade zusammen mit 25 g klein geschnittener Butter unter Rühren im Wasserbad. Nehmen Sie die Schüssel vom Wasserbad und rühren Sie 50 g Sahne gründlich unter. Die Glasur etwas abkühlen lassen, dann mittig auf den Kuchen geben und mit einem Löffel oder einer kleinen Palette auf dem Kuchen verstreichen.